Christoph Mauz

Schule beißt nicht!

Illustrationen
von Carola Holland

Gesetzt nach den Regeln der neuen deutschen Rechtschreibung
www.dachs.at
ISBN 3-85191-309-4
© 2003 by DachsVerlag
A-1220 Wien, Biberhaufenweg 100/38
Alle Rechte vorbehalten.
Text: Christoph Mauz
Illustration: Carola Holland
Druck und Bindung: Druckerei Theiss GmbH, A-9431 St. Stefan
03 06 09 / 40 / 1

Das ist Bruno.

Er hat immer schmutzige Knie.
Die hat er vom Fußballspielen
mit seinen Freunden.
Bruno hat auch eine kleine Schwester.
Die heißt Sarah.
Auf Sarah passt Bruno sehr gut auf.
Er passt auf, dass sie keinen Fußball
an den Kopf bekommt.
Er passt auf, dass niemand sie
kleine Dumpfbacke nennt.
Bruno ist sehr stark.

Sarah ist stolz auf Bruno,
weil er ihr großer Bruder ist
und weil er sie überall hin mitnimmt.
Aber in letzter Zeit fällt ihr auf,
dass Bruno anders ist als sonst.
Bruno ist seit zwei Wochen sehr aufgeregt.
Deswegen muss er auch öfter aufs Klo als sonst.
Deswegen mag er kein zweites Schnitzel essen.
Weil die Aufregung seinen Magen füllt.
Und er ist auch so still.

Was ist mit Bruno los?
„Bruno ist doch sonst ein Nebelhorn", sagt Mama.
„Bruno isst doch sonst wie ein Scheunendrescher", sagt Papa.
„Schmecken Bruno meine Schnitzel nicht?", fragt Oma.

„Bruno kommt morgen
in die Schule."
Das weiß Sarah.
„Deswegen ist er
so komisch."

Außerdem sieht
Bruno nicht ein,
warum er in die
Schule gehen muss.
Gescheit ist er auch so.

Papa sagt:
„Mein Sohn ist ein
Gehirn-Akrobat."

Mama sagt:
„Mein Bub,
der ist so pfiffig."

Oma sagt:
„Aus dem Burli, da wird einmal etwas."

Sarah sagt:
„Schon. Aber aus meinem Lieblingsbuch kann er mir nicht vorlesen."

Morgen kommt Bruno
in die Schule.

„Sohn, der Ernst des Lebens
beginnt.", sagt Papa.

„Da ziehst du aber die schöne
Hose an.", sagt Mama.

„In der Schule war ich immer
die Bravste.", sagt Oma.

„Streng dich an, damit du
schnell Vorlesen lernst!",
sagt Sarah.

Da wird Bruno
noch zappeliger.

Nach dem Mittagessen will Papa mit Bruno
noch einmal den Schulweg abgehen.
Damit Bruno gut in die Schule
und nach Hause findet.
Damit er sich alle Ampeln merkt.
Papa erzählt Bruno von seinem
ersten Schultag.

Papa hat sich nämlich
auf die Schule gefreut.
Er war überhaupt nicht aufgeregt.
Er hat die größte Schultüte gehabt
und den schönsten Matrosenanzug.
Und zu Weihnachten hat er
bei der Schulaufführung ein Lied gespielt.
Auf seiner Ziehharmonika.
Und in Singen hat er immer eine Eins gehabt.

An der Kreuzung will Bruno umkehren
und ganz schnell wieder nach Hause gehen.
Doch da ist das Zuckerlgeschäft,
und Papa stürmt hinein.
Bruno darf sich etwas aussuchen.
Während die beiden weitergehen,
essen sie genussvoll ihren Einkauf.
Für Süßes ist in Brunos Bauch
immer Platz,
da kann er noch so aufgeregt sein.
Endlich biegen die zwei
in die Allee ein,
wo die Schule steht.
Tapfer geht Bruno voran.

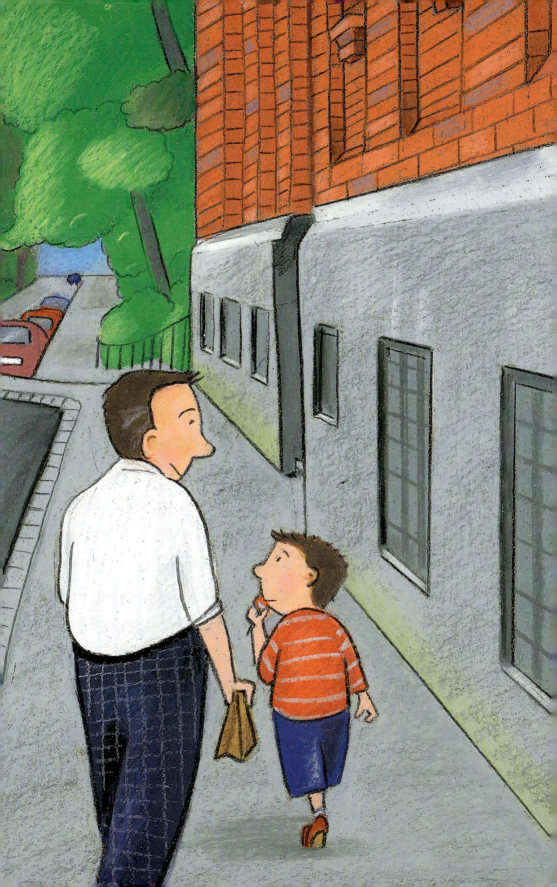

Auf dem Schultor kleben Zettel.
Darauf sind die Namen aller Kinder zu lesen,
die hier morgen in die erste Klasse kommen.
„Wo bin ich?", fragt Bruno Papa.
Papa muss ein bisschen suchen,
bis er Bruno auf der Liste findet.
„Da bist du, Bruno, und da sind
Marlene und Selma und Felix.
Die gehen alle in deine Klasse.
Joschi steht auch auf der Liste."
Bruno schluckt.
„Ausgerechnet Joschi", denkt er.
Aber dem Papa sagt er das nicht,
das mit Joschi.

Mit einem kräftigen Ziehen im Bauch
geht Bruno weiter.
Er will sich nämlich noch
den Garten von der Schule ansehen.
Der soll sehr groß und sehr grün sein.

Als Bruno vor dem Gartentor steht,
muss er zweimal hinschauen.
Was liegt denn da mitten im Gras?
Bruno grinst von einem Ohr zum anderen.
Da liegt ein Fußball mitten auf der Wiese!
Den müssen die Kinder vergessen haben,
im Sommer.

Die Luft ist draußen,
und der Ball ist gar nicht mehr richtig rund.
„Wenn die einen Fußball haben,
dann werden sie wohl damit spielen.", denkt Bruno.

Papa zeigt auf den Fußball und sagt:
„Der ist schon ziemlich abgenudelt."
Bruno flüstert: „Aber dafür kann er sprechen."
Papa ist verwirrt.
„Was hat er denn gesagt?", will er wissen.

„Dass die Schule nicht beißt", grinst Bruno.
„Und dass ich mit Selma und Marlene
und Felix Fußball spielen werde.

Und dass ich viel stärker bin als der Joschi.
Und ein toller Vorleser werde ich auch."
Papa zwinkert Bruno zu.
Bruno zwinkert Papa zu.
„Ja, es gibt schon
kluge Fußbälle.",
stellt Papa fest.
„Sowieso!",
sagt Bruno.